우리학교 어린이 중국어 스타터

신소라 · 형순화 · 김미선 지음
段丽 감수

다락원

다락원 홈페이지에서
MP3 파일 다운로드 및
실시간 재생 서비스

우리학교 어린이 중국어 스타터

지은이 신소라, 형순화, 김미선
펴낸이 정규도
펴낸곳 (주)다락원

초판 1쇄 발행 2025년 11월 28일

편집장 이상윤
편집 김혜민
디자인 박나래
조판 최영란
일러스트 주세영
성우 郭洋, 권영지
사진 Shutterstock

다락원 경기도 파주시 문발로 211
전화 (02)736-2031 (내선 250~252 / 내선 430, 431)
팩스 (02)732-2037
출판등록 1977년 9월 16일 제406-2008-000007호

ISBN 978-89-277-2353-0 74720
978-89-277-2312-7 (set)

www.darakwon.co.kr
다락원 홈페이지를 방문하시면 상세한 출판 정보와 함께 동영상 강좌, MP3 자료 등 다양한 어학 정보를 얻으실 수 있습니다.

들어가는 말

중국어는 음악처럼 들려요! 중국어는 구불구불 기어가는 지렁이 같아요!

1학년의 첫 1차시 수업이 끝날 즈음 '중국 사람들이 말하는 소리를 들으면~'이라는 문장을 제시했을 때, 학생들이 발표했던 연결 문장의 예시들입니다. 중국어에 선입견이 없는 어린이들에게 중국어에 대한 첫인상은 그저 음의 높낮이에 따라 뜻이 달라지는 생소하고 재미있는 언어일 뿐이었던 것이지요.

어린이들이 중국어를 시작할 때, 이처럼 좀 더 가볍고 즐거운 마음을 이어 나갈 수 있으면 좋겠다는 생각으로 『우리학교 어린이 중국어 스타터』를 기획하였습니다. 본격적인 학습에 앞서 학습의 부담감을 최소화하여 자연스럽게 물 흐르듯 배울 수 있게 하는 것을 목표로 했으며, 다음과 같은 특징을 가지고 있습니다.

1 중국의 옛 이야기로 시작

매 과마다 중국의 신화나 전래 동화로 이야기를 시작하여 중국이라는 나라에 대한 친근감을 높일 수 있도록 했습니다.

2 병음 위주의 구성

중국어를 처음 접하는 어린 학습자를 위해, 중국어 발음 기호인 '병음' 위주로 교재를 구성하여 좀 더 쉽게 학습할 수 있습니다.

3 다양한 활동 제시

매 과마다 챈트, 색칠, 놀이활동을 다양하게 제공해, 재미있게 중국어를 학습할 수 있도록 구성하였습니다.

4 이미지 연상을 이용한 한자 학습

발음 기호인 병음 위주의 학습이지만, 중국의 글자인 한자의 존재가 잊히지 않고 부각될 수 있도록 매 과마다 한자 쓰기 페이지를 수록하였습니다.

'가볍고 즐거운 중국어 학습의 시작'에 본 교재가 함께 할 수 있기를 바랍니다.

신소라, 형순화, 김미선

이 책의 활용

본책

쉽고 재미있는 이야기를 통해
이번 과에서 어떤 내용을 학습하게 될지
가볍게 생각해 볼 수 있습니다.
우리가 배울 내용과 관련 있는 단어에는
색깔로 표시되어 있으니,
집중해서 읽어 보세요.

找一找 단어를 찾아요

이번 과에서 배울 단어가
그림과 함께 제시되어 있습니다.
그림과 연결하여 병음으로 적힌
단어가 무슨 뜻일지 생각해 보세요.
그리고 단어를 큰 소리로 읽으며
따라 써 보세요.

学一学 열심히 공부해요

学一学 열심히 공부해요 03-03

그림 그릴 때 필요한 준비물의 이름을 병음으로 써 보세요.

qiānbǐ 铅笔 — qiānbǐ

yánliào 颜料 — yánliào

xiàngpí 橡皮 — xiàngpí

huàbǐ 画笔 — huàbǐ

làbǐ 蜡笔 — làbǐ

huàzhǐ 画纸 — huàzhǐ

40

〈단어를 찾아요〉에서
배운 단어들을 다시 한번
또박또박 써 보면서 익힙니다.

说一说 씩씩하게 말해요

说一说 씩씩하게 말해요 02-04

어떤 과일을 좋아하는지 단어를 바꿔가며 말해 보세요.

Wǒ xǐhuan píngguǒ.

bōluó

cǎoméi

xīguā

pútao

táozi

wǒ 我 나 · xǐhuan 喜欢 좋아하다 · táozi 桃子 복숭아

10

앞에서 배웠던 표현에
다양한 단어를 넣어 보며
표현을 확장해 보세요.

唱一唱 즐겁게 불러요

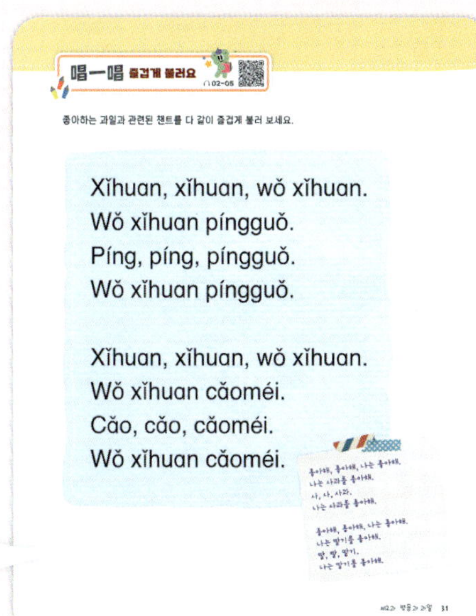
唱一唱 즐겁게 불러요 02-05

좋아하는 과일과 관련된 챈트를 다 같이 즐겁게 불러 보세요.

Xǐhuan, xǐhuan, wǒ xǐhuan.
Wǒ xǐhuan píngguǒ.
Píng, píng, píngguǒ.
Wǒ xǐhuan píngguǒ.

Xǐhuan, xǐhuan, wǒ xǐhuan.
Wǒ xǐhuan cǎoméi.
Cǎo, cǎo, cǎoméi.
Wǒ xǐhuan cǎoméi.

11

중국어 챈트를 즐겁게
따라 부르면서 쉽고 재미있게
중국어 문장을 익혀 보세요.

练一练 꼼꼼히 풀어요

스티커 문제, 듣기 문제, 쓰기 문제 등 다양한 문제를 통해 실력을 확인해 보세요.

玩一玩 재미있게 놀아요

학습한 중국어를 활용한 다양한 활동을 통해서 내용을 확실히 익혀 보세요.

学汉字 한자에서 모양을 찾아요

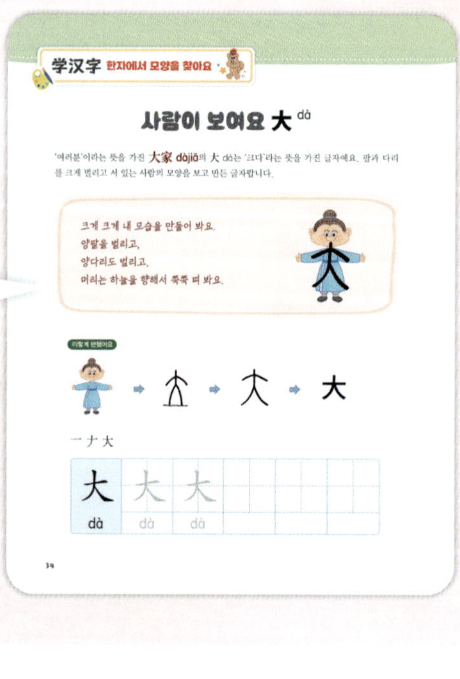

한자의 유래를 짧은 글, 그림과 함께 재미있게 알아보고, 다시 한번 획순을 익히면서 바르게 써 보세요.

단어 카드

본책에서 배웠던 단어의 병음을 따라 써 보고, 오려서 나만의 단어 카드를 만들어 보세요.

MP3 음원

- 교재의 MP3 음원은 '다락원 홈페이지(www.darakwon.co.kr)'를 통해서 무료로 다운로드할 수 있습니다.
- 스마트폰으로 각 페이지의 QR코드를 스캔하면 해당 페이지의 MP3 다운로드와 실시간 재생 가능한 페이지로 바로 연결됩니다.

전자북

『우리학교 어린이 중국어 스타터』의 전자북을 무료로 이용할 수 있습니다. QR코드를 스캔하면 전자북을 재생할 수 있는 페이지로 연결됩니다. 전자북에서 활용할 수 있는 페이지와 기능은 아래 설명을 참고하세요.

개별 음원 재생

단어를 찾아요 | 열심히 공부해요 | 씩씩하게 말해요

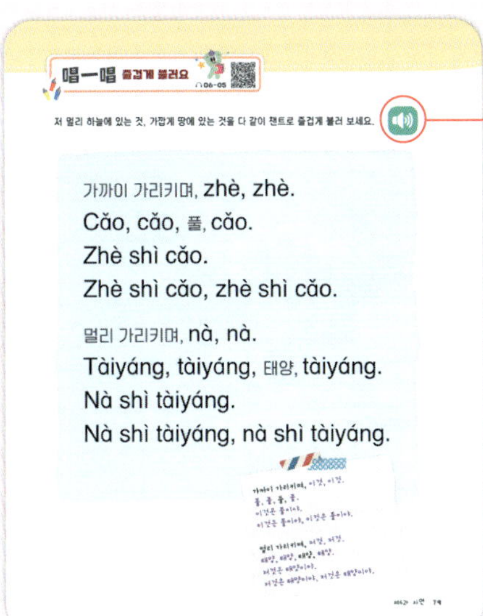

전체 음원 재생

즐겁게 불러요 | 꼼꼼히 풀어요

전자북 페이지 하단의 '설정'에서 페이지 보기를 '더블 페이지'로 설정하면 교재와 동일한 환경으로 학습할 수 있습니다.

- 전자북 PC 버전은 '다락원 홈페이지'의 검색창에서 '우리학교 어린이 중국어 스타터'를 검색 후 '도서 상세페이지→일반 자료→기타' 클릭 시 새창에서 확인할 수 있습니다.
- 전자북 모바일 버전은 스마트폰으로 '다락원 홈페이지'의 검색창에서 '우리학교 어린이 중국어 스타터'를 검색 후 '도서 상세페이지→자료실→전자북' 클릭 시 새창에서 확인할 수 있습니다.

학습 내용 한눈에 보기

과	학습 내용
제1과 **성조와 인사**	판다 가족의 이름 부르기(성조 알기)
	단어 bàba māma yéye nǎinai
	인사를 할 수 있어요. Nǐ hǎo!
제2과 **병음과 과일**	영어가 아니라 병음(병음 알기)
	단어 bōluó cǎoméi xīguā píngguǒ pútao chéngzi
	좋아하는 과일을 말할 수 있어요. Wǒ xǐhuan píngguǒ.
제3과 **그림 도구**	마량의 신기한 붓(그림 도구 이름 알기)
	단어 qiānbǐ xiàngpí làbǐ yánliào huàbǐ huàzhǐ
	어떤 물건을 가지고 있는지 말할 수 있어요. Wǒ yǒu huàbǐ.
제4과 **숫자**	열 개의 태양(숫자 알기)
	단어 yī èr sān sì wǔ liù qī bā jiǔ shí
	몇 개의 사과를 원하는지 말할 수 있어요. Wǒ yào yí ge píngguǒ.
	노래 부르기 Shí ge yìndì'ān rén

제5과 **동물**	고양이가 쥐를 쫓아다니는 이유(동물 이름 알기)
	단어 niú mǎ jī yáng gǒu zhū
	zhè를 사용하여 가까이 있는 것 나타내기 Zhè shì niú.
제6과 **자연**	쥐 부부의 사위 찾기(자연 관련 단어 알기)
	단어 tàiyáng yúncai cǎihóng cǎo huā fēng
	nà를 사용하여 멀리 있는 것 나타내고, zhè와 nà 구분하기 Nà shì tàiyáng. Zhè shì huā.
제7과 **나의 몸**	세상을 만든 반고(신체 이름 알기)
	단어 yǎnjing bízi ěrduo zuǐba shǒu jiǎo
	눈, 코, 입 등이 '여기'에 있다고 말할 수 있어요. Yǎnjing zài zhèr.
제8과 **중국의 설, 춘제**	새해가 오기 전, 괴물 녠 쫓아내기('춘제' 관련 단어 알기)
	단어 Chūnjié hóngdēng biānpào jiǎozi chūnjuǎn tāngyuán niángāo
	무엇을 먹는지 말할 수 있어요. Wǒ chī jiǎozi.
	노래 부르기 Xīnnián hǎo!

차례

제1과

성조와 인사

새로 배울 내용

1 성조에 대해 알아봐요.

2 가족 관련 단어를 알아봐요.
bàba māma yéye nǎinai

3 인사를 할 수 있어요.
Nǐ hǎo!

판다 가족의 이름 부르기

∩ 01-01

아주 오랜 옛날, 중국에 판다 가족이 살고 있었어요. 엄마 판다의 이름은 마→, 아빠 판다의 이름은 빠↘였지요. 엄마 판다를 부를 때는 항상 상냥한 목소리로 높고 길게 끌어 주듯 마→라고 불러야 해요. 어쩌다가 씩씩한 목소리로 마↘라고 세게 부르면 엄마 판다는 대답하지 않았어요. 또 아빠 판다를 부를 때는 항상 씩씩한 목소리로 기합을 넣듯이 얍!↘하는 목소리로 빠↘라고 불러야 해요. 어쩌다가 상냥한 목소리로 빠→라고 부르면 아빠 판다도 대답하지 않았답니다.

엄마 판다와 아빠 판다가 대답하지 않았던 이유는 바로 이름을 잘못 불렀기 때문이에요. 중국어는 음의 높낮이가 달라지면 뜻이 달라진답니다.
마→와 마↘, 빠→와 빠↘는 완전히 다른 뜻이에요.

找一找 단어를 찾아요

01-02

샤오홍의 가족을 찾아본 후, 단어를 큰 소리로 읽으며 따라 써 보세요.

새 단어

māma 妈妈 엄마 • bàba 爸爸 아빠 • nǎinai 奶奶 할머니 • yéye 爷爷 할아버지 • Xiǎo Hóng 小宏 샤오홍 [사람 이름]

学一学 열심히 공부해요

∩01-03

중국어에는 음의 높낮이가 있어요. 이것을 '성조'라고 하는데, 성조에는 1성, 2성, 3성, 4성 이렇게 네 가지가 있습니다.

1성 은 높고 길게 끌어주는 소리예요. 산에서 **야→호→** 하고 외치듯 높고 길게 끌어주어야 합니다. 1성은 '━' 이렇게 표시해요. 1성의 소리를 잘 듣고 써 보세요.

mā

2성 은 점점 높게 끌어올려 주는 소리입니다. 궁금한 것이 있어서 **뭐어?↗**하고 질문하듯 끝을 올려주어야 해요. 2성은 '╱' 이렇게 표시해요. 2성의 소리를 잘 듣고 써 보세요.

yé

3성 은 낮게 눌러주듯 내려갔다가 뒤를 살짝 올려주는 소리예요. 궁금했던 것을 깨닫게 되어서 **아하!** V 하는 것처럼요. 3성은 '**ˇ**' 이렇게 표시해요. 3성의 소리를 잘 듣고 써 보세요.

nǎi

4성 은 높은 곳에서 짧고 세게 내려가는 소리예요. 마치 태권도 기합을 할 때 **얍!**↘ 하는 것처럼요. 4성은 '**ˋ**' 이렇게 표시해요. 4성의 소리를 잘 듣고 써 보세요.

bà

说一说 씩씩하게 말해요

01-04

단어를 바꿔가며 인사해 보세요.

Nǐ hǎo!

lǎoshī

dàjiā

māma

bàba

새 단어

Nǐ hǎo! 你好！ 안녕! • nǐ 你 너 • hǎo 好 안녕하다, 좋다 • lǎoshī 老师 선생님 • dàjiā 大家 여러분, 모두

唱一唱 즐겁게 불러요

01-05

다 같이 즐겁게 성조 챈트를 불러 보세요.

1성은 높고 길게 ā, ā

2성은 점점 높게 á, á

3성은 낮게 높게 ǎ, ǎ

4성은 점점 낮게 à, à

练一练 꼼꼼히 풀어요

01-06

녹음을 잘 듣고 성조의 음 높이를 큰 소리로 따라해 보고, 무술하는 친구의 막대를 색칠해 보세요.

제1성 ā

제2성 á

제3성 ǎ

제4성 à

샤오홍의 가족 스티커를 주어진 단어에 알맞게 붙여 주세요. 133쪽 스티커 활용

māma	yéye	nǎinai	bàba

玩一玩 재미있게 놀아요

몸으로 성조를 표현해요

활동 방법

1 선생님은 아래와 같이 성조 카드를 준비합니다.

ā　　á　　ǎ　　à

2 학생들은 모두 제자리에서 일어나 차렷 자세를 합니다.

3 선생님이 ā의 카드를 들면, 학생들은 두 손을 어깨에 놓았다가 양손을 펼치면서 'ā' 하고 소리를 냅니다.

4 선생님이 á의 카드를 들면, 학생들은 두 손을 가슴 높이에 모았다가 오른손만 사선 방향 위쪽으로 향하게 뻗으면서 'á' 하고 소리를 냅니다.

5 선생님이 ǎ의 카드를 들면, 학생들은 두 손을 배꼽 높이에 모은 상태에서 무릎을 굽혀요. 그다음 모은 두 손을 더 내렸다가, 무릎을 펴면서 두 손을 살짝 올리며 'ǎ' 하고 소리를 냅니다.

6 선생님이 à의 카드를 들면, 학생들은 두 손을 가슴 높이에 모았다가 두 손 모두 사선 방향 아래로 뻗으면서 'à' 하고 소리를 냅니다.

제1성　제2성　제3성　제4성

앉아있는 여자가 보여요 女 nǚ

妈妈 māma의 妈 mā는 엄마라는 뜻이예요. 妈 mā를 잘 살펴 보면 그 안에 女 nǚ라는 글자가 있음을 알 수 있어요. 女 nǚ는 '여자'라는 뜻으로, 두 손을 모으고 무릎을 꿇고 있는 여자의 모습을 보고 만든 글자랍니다.

옛날 옛날 두 손을 모으고,
무릎을 꿇고 앉아있는 여자가 있었어요.
조용히 기도하는 모습의 여자가 있었어요.

이렇게 변했어요

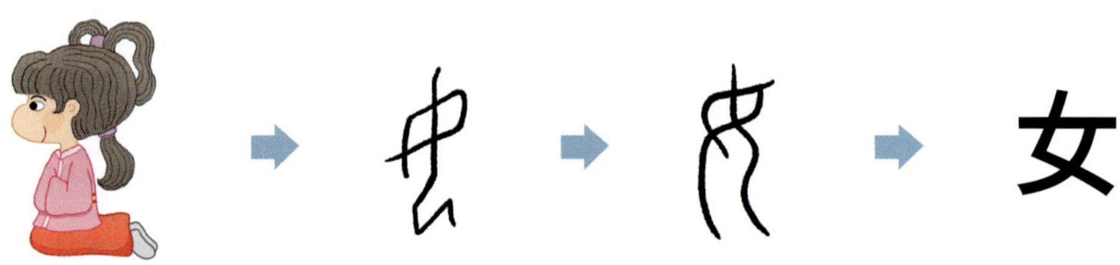

女 nǚ	女 nǚ	女 nǚ			

제2과

병음과 과일

새로 배울 내용

1 병음에 대해 알아봐요.

2 과일 이름 단어를 알아봐요.

bōluó　　cǎoméi　　xīguā

píngguǒ　　pútao　　chéngzi

3 좋아하는 과일을 말할 수 있어요.

Wǒ xǐhuan píngguǒ.

영어가 아니라 병음

02-01

하늘이는 늦잠을 자는 바람에 수업에 지각하고 말았어요. 하늘이가 지각한 날의 1교시 수업은 하늘이의 첫 중국어 수업이었답니다. 늦게 도착한 하늘이는 복도에서 교실 안을 기웃대다가 칠판에 알파벳이 쓰여져 있는 것을 발견했어요. '어? 중국어 시간인데 왜 영어를 배우지?'라는 생각을 하며 조용히 교실 문을 열고 들어가 자리에 앉았어요.

옆자리 친구가 책상 위에 펼쳐놓은 중국어 책을 보니 '한자'와 '알파벳'이 같이 쓰여 있어요. 아! 중국에서도 알파벳을 사용하네요. 중국의 글자는 '한자'인데, 중국 사람들은 한자를 읽기 위해 '병음'이라는 것을 사용한다고 해요. 하늘이가 영어라고 생각했던 '알파벳'이 바로 병음이었네요. 병음의 알파벳은 영어의 알파벳과 비슷하지만, 다른 부분도 많으니 주의해서 읽어야 한답니다.

找一找 단어를 찾아요

02-02

과일 가게에 있는 과일들을 살펴보고, 단어를 큰 소리로 읽으며 따라 써 보세요.

새단어

cǎoméi 草莓 딸기 • chéngzi 橙子 오렌지 • xīguā 西瓜 수박 • bōluó 菠萝 파인애플 • pútao 葡萄 포도 • píngguǒ 苹果 사과

学一学 열심히 공부해요

02-03

중국의 글자는 '**한자**'예요. 그런데 처음 만나는 한자들은 그 모양을 보고 읽기가 어려워 '병음'의 도움이 필요해요. 발음 기호인 병음은 '**중국어 한자 읽기 도우미**'랍니다. 다음 병음을 큰 소리로 따라 읽으며 써 보세요.

a o e i u ü

a o e i u ü

b p m f d t n l

b p m f d t n l

g k h j q x

g k h j q x

zh ch sh r z c s

zh ch sh r z c s

说一说 씩씩하게 말해요

02-04

어떤 과일을 좋아하는지 단어를 바꿔가며 말해 보세요.

Wǒ xǐhuan píngguǒ.

bōluó

cǎoméi

xīguā

pútao

táozi

새단어

wǒ 我 나 • xǐhuan 喜欢 좋아하다 • táozi 桃子 복숭아

唱一唱 즐겁게 불러요

02-05

좋아하는 과일과 관련된 챈트를 다 같이 즐겁게 불러 보세요.

Xǐhuan, xǐhuan, wǒ xǐhuan.
Wǒ xǐhuan píngguǒ.
Píng, píng, píngguǒ.
Wǒ xǐhuan píngguǒ.

Xǐhuan, xǐhuan, wǒ xǐhuan.
Wǒ xǐhuan cǎoméi.
Cǎo, cǎo, cǎoméi.
Wǒ xǐhuan cǎoméi.

좋아해, 좋아해, 나는 좋아해.
나는 사과를 좋아해.
사, 사, 사과.
나는 사과를 좋아해.

좋아해, 좋아해, 나는 좋아해.
나는 딸기를 좋아해.
딸, 딸, 딸기.
나는 딸기를 좋아해.

练一练 꼼꼼히 풀어요

∩ 02-06

녹음을 잘 듣고 병음 친구들의 알맞은 위치를 찾아 스티커를 붙여 주세요. 133쪽 스티커 활용

내가 좋아하는 과일 그림 위에 xǐhuan♡ 스티커를 붙이고, 어떤 과일을 좋아하는지 큰 소리로 말해 보세요(여러 과일을 선택할 수 있어요). 133쪽 스티커 활용

Wǒ xǐhuan (   ).

bōluó

cǎoméi

xīguā

pútao

táozi

나만의 과일 나무 만들기

내가 좋아하는 과일이 모두 달려 있는 상상 속의 과일 나무를 만들어 보세요. 스티커를 붙여 멋지게 나무를 완성해 보고, 내가 좋아하는 과일이 무엇인지 중국어로 말해 보세요. 133쪽 스티커 활용

学汉字 한자에서 모양을 찾아요

사람이 보여요 大 dà

'여러분'이라는 뜻을 가진 大家 dàjiā의 大 dà는 '크다'라는 뜻을 가진 글자예요. 팔과 다리를 크게 벌리고 서 있는 사람의 모양을 보고 만든 글자랍니다.

크게 크게 내 모습을 만들어 봐요.
양팔을 벌리고,
양다리도 벌리고,
머리는 하늘을 향해서 쭉쭉 펴 봐요.

이렇게 변했어요

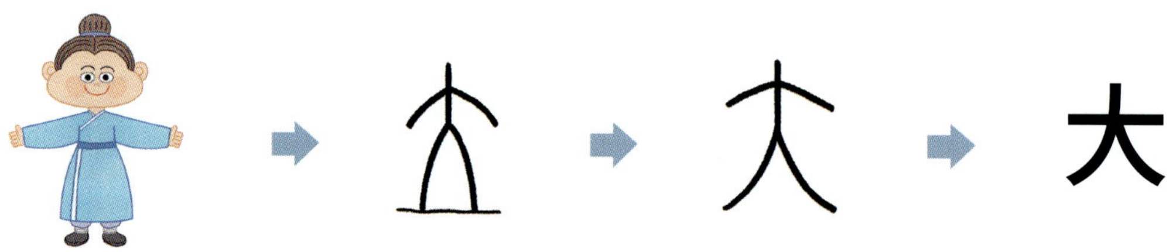

一 ナ 大

大	大	大				
dà	dà	dà				

제3과

그림 도구

새로 배울 내용

1 그림 그릴 때 필요한 물건과 관련된 단어를 알아봐요.

qiānbǐ　　xiàngpí　　làbǐ

yánliào　　huàbǐ　　huàzhǐ

2 어떤 물건을 가지고 있는지 말할 수 있어요.

Wǒ yǒu huàbǐ.

마량의 신기한 붓

∩ 03-01

옛날 옛적에 '마량'이라는 그림을 잘 그리는 아이가 살았어요. 마량의 부모님은 일찍 돌아가셨어요. 마량은 아주 가난해서 붓(huàbǐ)이나, 도화지(huàzhǐ), 물감(yánliào) 등을 살 수 없었기 때문에 하는 수 없이 나뭇가지로 땅에 그림을 그리거나 손가락에 물을 묻혀 바위에 그림을 그렸어요. 이런 마량의 소원은 붓(huàbǐ) 한 자루 갖는 것이었답니다. 어느 날 마량이 잠을 자고 있었는데, 꿈속에서 하얀 수염을 기른 어떤 할아버지가 나타나 마량에게 붓(huàbǐ) 한 자루를 쥐여 주었어요.

마량이 깜짝 놀라 일어나 보니 손에 진짜 붓(huàbǐ)이 있는 것이 아니겠어요? 마량은 신기하고도 기쁜 마음에 그 붓(huàbǐ)으로 벽에 물고기를 그렸어요. 그랬더니, 물고기가 살아 움직였어요! 또 수탉을 그렸더니 벽에서 수탉이 튀어 나와 푸드덕 날개를 퍼덕이더니 날아갔답니다. 마량은 그제야 꿈속의 할아버지는 신령님이고, 할아버지가 준 붓은 마술 붓(huàbǐ)임을 알아챘어요. 이후 착한 마량은 마술 붓(huàbǐ)으로 많은 물건을 만들어 가난한 사람들을 도와주었답니다.

找一找 단어를 찾아요

03-02

그림 그릴 때 필요한 물건들을 찾아보고, 단어를 큰 소리로 읽으며 따라 써 보세요.

새 단 어

huàzhǐ 画纸 도화지 • xiàngpí 橡皮 지우개 • qiānbǐ 铅笔 연필 • làbǐ 蜡笔 크레파스 • huàbǐ 画笔 그림 붓 • yánliào 颜料 물감

学一学 열심히 공부해요

03-03

그림 그릴 때 필요한 준비물의 이름을 병음으로 써 보세요.

qiānbǐ
铅笔

qiānbǐ

xiàngpí
橡皮

xiàngpí

làbǐ
蜡笔

làbǐ

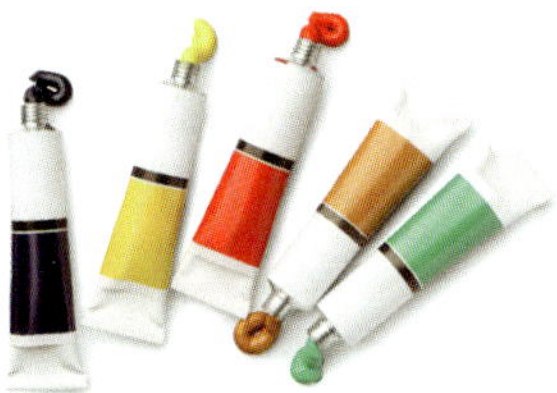

yánliào

颜料

yánliào

huàbǐ

画笔

huàbǐ

huàzhǐ

画纸

huàzhǐ

说一说 씩씩하게 말해요

03-04

단어를 바꿔가며 어떤 물건을 가지고 있는지 말해 보세요.

Wǒ yǒu huàbǐ.

xiàngpí

làbǐ

zhǐ

huàzhǐ

cǎizhǐ

새단어

yǒu 有 (가지고) 있다 • zhǐ 纸 종이 • cǎizhǐ 彩纸 색종이

唱一唱 즐겁게 불러요

03-05

그림 그릴 때 필요한 물건의 이름과 관련된 챈트를 다 같이 즐겁게 불러 보세요.

Qiān, qiān, qiānbǐ.
Là, là, làbǐ.
Huà, huà, huàbǐ.
Wǒ yǒu huàbǐ.

Zhǐ, zhǐ, zhǐ.
Cǎi, cǎi, cǎizhǐ.
Huà, huà, huàzhǐ.
Wǒ yǒu huàzhǐ.

연, 연, 연필.
크, 크, 크레파스.
그림, 그림, 그림 붓.
나는 그림 붓이 있어요.

종이, 종이, 종이.
색, 색, 색종이.
도, 도, 도화지.
나는 도화지가 있어요.

练一练 꼼꼼히 풀어요

여러 가지 그림 도구 이름의 병음을 찾아 동그라미로 묶고, '나는 ________가 있어.'라는 문장을 큰 소리로 말해 보세요.

Wǒ yǒu ________.

 qiānbǐ

xiàngpí 

 làbǐ

huàbǐ 

s	h	w	c	q	o	z	t	l
e	u	q	i	a	n	b	i	a
i	a	o	k	c	s	m	p	b
o	b	p	s	x	n	r	ch	i
x	i	a	n	g	p	i	g	zh

미술 준비물을 더 많이 가져 오세요

준비물 | **109쪽 활동자료의 미술 준비물 그림(학생들), 타이머(선생님)**

활동 방법

1 109쪽 활동자료에서 6개의 미술 준비물 그림을 오려 주세요.

qiānbǐ 연필	xiàngpí 지우개	làbǐ 크레파스
yánliào 물감	huàbǐ 그림 붓	huàzhǐ 도화지

2 학생들은 책상 위에 6개의 그림을 놓아 둡니다.

3 선생님은 타이머를 켜고 학생들에게 3분의 활동 시간을 줍니다.

4 학생들은 두 명씩 짝을 지어 3분의 시간 동안 활동을 합니다. 먼저 가위바위보를 한 후 이긴 친구는 진 친구의 그림 중 원하는 그림을 가져와 자신의 그림 쪽에 둡니다. 그리고 'Wǒ yǒu ____________.'라는 문장 안에 해당 단어를 넣어 문장을 완성해요.
예: 지우개를 가져온 경우, 'Wǒ yǒu xiàngpí.'라고 말해요.

5 다시 가위바위보를 해서 4번의 활동을 반복합니다.

6 선생님은 3분의 시간이 끝나면 타이머를 끄고 모든 활동을 멈추게 합니다.

7 3분의 시간이 끝났을 때 미술 준비물 그림을 더 많이 가지고 있거나, 3분의 시간이 끝나기 전에 짝꿍의 그림을 모두 가져오는 친구가 승리합니다.

새의 깃털이 보여요 毛 máo

画笔 huàbǐ의 笔 bǐ는 붓이라는 뜻이에요. 笔 bǐ를 잘 살펴 보면 笔 bǐ 안에 毛 máo라는 글자가 있습니다. 毛 máo는 털이라는 뜻으로 새의 깃털 모양을 보고 만든 글자랍니다.

들판에 공작새가 나타났어요.
꼬리를 쫙 펼쳐 예쁜 깃털을 자랑해요.
까마귀가 공작새의 예쁜 깃털을
부러운 듯 쳐다봐요.

이렇게 변했어요

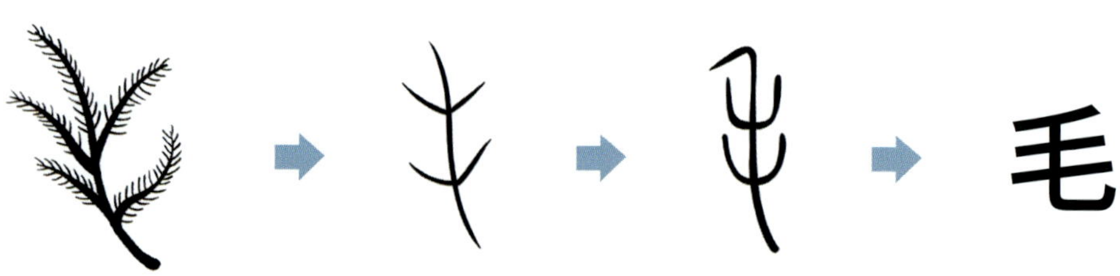

一 二 三 毛

毛	毛	毛				
máo	máo	máo				

제4과

숫자

새로 배울 내용

1 숫자 1에서 10까지 중국어로 말할 수 있어요.

yī	èr	sān	sì	wǔ
liù	qī	bā	jiǔ	shí

2 몇 개의 사과를 원하는지 말할 수 있어요.
Wǒ yào yí ge píngguǒ.

3 '10명의 인디안'이라는 노래를 중국어로 즐겁게 불러봐요.

열 개의 태양

04-01

옛날 중국에는 열(shí) 개의 태양이 있었어요. 열(shí) 개의 태양은 사이좋게 돌아가며 하늘을 지켰답니다. 한(yī) 개의 태양이 하늘에 떠 있으면 나머지 아홉(jiǔ) 개의 태양은 사람들이 볼 수 없는 곳에서 쉬었어요. 그런데 어느 날 갑자기 열(shí) 개의 태양이 한꺼번에 떠올랐어요. 열(shí) 개의 태양이 한 번에 떠오른 이후 세상은 바싹 말라가기 시작했답니다. 가뭄이 들고, 산불이 나고, 사람들은 먹을 것이 없어 굶기 시작했어요.

사람들은 하늘을 쳐다보며 원망했고 태양이 빨리 사라지기를 원했지만 어쩐 일인지 계속 열(shí) 개의 태양이 모두 하늘에 떠 있었답니다. 그때 어딘가에서 활을 잘 쏘는 영웅 '후예'가 나타나서 태양을 향해 화살을 날렸고, 차례로 아홉(jiǔ) 개의 태양을 맞췄어요. 화살을 맞은 태양은 금 까마귀로 변해 땅에 떨어졌습니다. 후예가 마지막 열(shí) 번째의 태양을 향해 화살을 쏘려고 할 때 사람들은 후예를 말렸어요. 그때 이후로 하늘에는 지금과 같이 한(yī) 개의 태양이 남게 되었고, 세상은 다시 평화로워졌답니다.

找一找 단어를 찾아요

04-02

숫자를 찾아본 후, 단어를 큰 소리로 읽으며 따라 써 보세요.

새단어

yī 一 1, 하나 • èr 二 2, 둘 • sān 三 3, 셋 • sì 四 4, 넷 • wǔ 五 5, 다섯 • liù 六 6, 여섯 • qī 七 7, 일곱 • bā 八 8, 여덟 • jiǔ 九 9, 아홉 • shí 十 10, 열

bā
sì
wǔ
shí
jiǔ

学一学 열심히 공부해요

∩ 04-03

숫자 1에서 6까지 병음으로 써 보세요.

yī
一

yī

èr
二

èr

sān
三

sān

sì
四

sì

wǔ
五

wǔ

liù
六

liù

说一说 씩씩하게 말해요

04-04

몇 개의 사과를 원하는지 말해 보세요.

liǎng ge

sān ge

sì ge

wǔ ge

Wǒ yào yí ge píngguǒ.

새단어

yào 要 원하다 • yí ge 一个 한 개 • liǎng ge 两个 두 개 • sān ge 三个 세 개 • sì ge 四个 네 개 • wǔ ge 五个 다섯 개

唱一唱 즐겁게 불러요

04-05

Shí ge yìndì'ān rén

1 Yí ge - liǎng ge - sān ge - yìn dì' ān

2 Shí ge - jiǔ ge - bā ge - yìn dì' ān

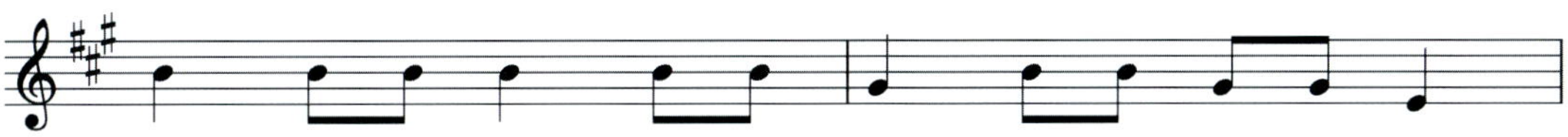

1 sì ge - wǔ ge - liù ge - yìn dì' ān

2 qī ge - liù ge - wǔ ge - yìn dì' ān

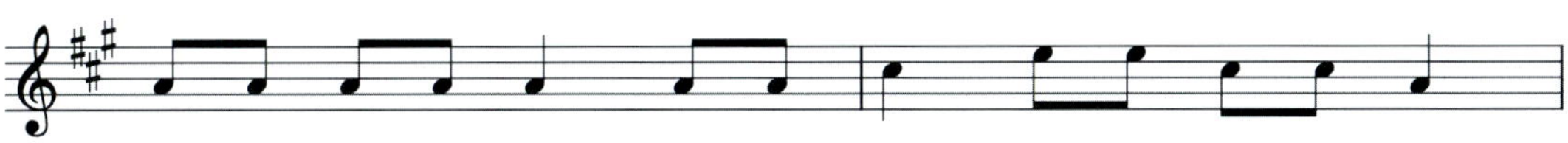

1 qī - ge - bā ge - jiǔ ge - yìn dì' ān

2 sì - ge - sān ge - liǎng ge - yìn dì' ān

1 shí - ge - yìn dì' ān rén

2 yí - ge - yìn dì' ān rén

1 한 명, 두 명, 세 명 인디안.
네 명, 다섯 명, 여섯 명 인디안
일곱 명, 여덟 명, 아홉 명 인디안
열 명의 인디안 사람

2 열 명, 아홉 명, 여덟 명 인디안.
일곱 명, 여섯 명, 다섯 명 인디안.
네 명, 세 명, 두 명 인디안.
한 명의 인디안 사람

练一练 꼼꼼히 풀어요

숫자가 커지는 순서에 맞게 알맞은 병음을 써 보세요.

yī 1　èr 2　sān 3　sì 4　wǔ 5　liù 6

èr	sān	sì
	sì	
yī		sān
	wǔ	liù
	èr	

문장이 완성될 수 있도록 알맞은 것끼리 연결해 보세요.

Wǒ yào •

• yí ge píngguǒ •　　• 

• sì ge píngguǒ •　　• 

玩一玩 재미있게 놀아요

아홉 개의 태양을 떨어뜨린 후예

아홉 개의 태양을 떨어뜨린 후예(后羿 Hòu Yì)를 생각하며 색칠해 보세요.

学汉字 한자에서 모양을 찾아요

하늘, 땅, 사람이 보여요 三 sān

나무 막대 한 개를 놓은 모습은 숫자 1(一 yī), 두 개 늘어놓은 모습은 숫자 2(二 èr), 세 개 늘어놓은 모습은 숫자 3(三 sān)을 나타냅니다.

一 yī에 하늘을 담고,
二 èr에 하늘과 땅을 담고,
三 sān에 하늘과 땅 그리고 사람을 담아
一 yī 二 èr 三 sān, 三 sān 二 èr 一 yī
숫자를 써 봐요.

이렇게 변했어요

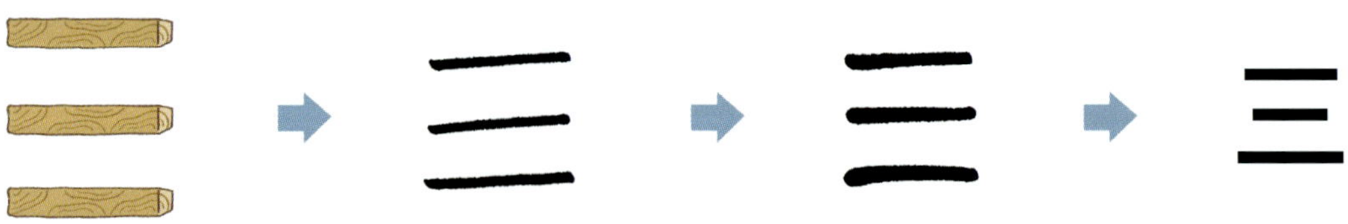

一 二 三

三	三	三						
sān	sān	sān						

제5과

동물

새로 배울 내용

1 동물 관련 단어를 알아봐요.

niú　　mǎ　　jī

yáng　　gǒu　　zhū

2 가까이 있는 것은 zhè를 사용하여 말할 수 있어요.

Zhè shì niú.

고양이가 쥐를 쫓아다니는 이유

05-01

아주 옛날에, 하늘의 옥황상제는 온 세상을 혼자 다스리다 보니 너무힘이 들었어요. 고민 끝에 동물들의 도움을 받기로 했답니다. 열두 마리의 동물을 뽑기로 하고, 강을 빠르게 건너 도착한 순서대로 일을 맡기기로 했어요. 이 소식을 들은 쥐와 고양이(māo)는 함께 가기로 했어요. 둘은 단짝 친구였거든요. 하지만 쥐와 고양이(māo)는 수영을 할 줄 몰랐어요. 그때 눈이 침침해 앞이 잘 보이지 않아 걱정하고 있는 소(niú)를 만났어요. 쥐와 고양이(māo)가 길을 알려주기로 하고 소(niú)의 등에 올라타 함께 건너가기로 했지요.

시합 날 아침, 동물들은 해가 뜨자마자 서둘러 강을 건너기 시작했어요. 쥐, **고양이**(māo), **소**(niú)는 함께 강을 건넜죠. 그런데 강을 다 건너갈 때쯤, 쥐가 "미안, 1등은 내 거야!"라고 말하며 **고양이**(māo)를 밀어 물속에 빠뜨리는 게 아니겠어요? 강가에 막 다다랐을 때 **소**(niú) 위에서 재빨리 뛰어내린 쥐는 결국 1등을 했어요. 아쉽게도 **소**(niú)는 2등을 했죠. 그 후로 호랑이, 토끼, 용, 뱀, **말**(mǎ), **양**(yáng), 원숭이, **닭**(jī), **개**(gǒu), **돼지**(zhū)가 차례로 도착했어요. 이 열두 마리의 동물들은 동물을 대표하는 열두 띠 동물이 되었답니다. **고양이**(māo)는 12등까지 정해지고 난 후에야 도착하는 바람에 열두 띠 동물이 되지 못했어요. 이때부터 **고양이**(māo)는 쥐만 보면 화가 나서 원수처럼 쫓아다닌다고 하네요.

找一找 단어를 찾아요

05-02

동물들을 찾아본 후, 단어를 큰 소리로 읽으며 따라 써 보세요.

새단어

zhū 猪 돼지 • yáng 羊 양 • niú 牛 소 • gǒu 狗 개 • mǎ 马 말 • jī 鸡 닭

学一学 열심히 공부해요

05-03

농장에서 만난 동물 이름을 병음으로 써 보세요.

niú
牛

niú

mǎ
马

mǎ

jī
鸡

jī

yáng
羊

yáng

gǒu
狗

gǒu

zhū
猪

zhū

说一说 씩씩하게 말해요

05-04

가까이 있는 동물을 가리키며 이것은 어떤 동물인지 말해 보세요.

Zhè shì niú.

zhū

jī

gǒu

yáng

māo

새단어

zhè 这 이, 이것 • shì 是 ~입니다 • māo 猫 고양이

唱一唱 즐겁게 불러요

05-05

동물들은 어떻게 소리 낼까요? 동물 울음소리와 관련된 챈트를 다 같이 즐겁게 불러 보세요.

Yáng, yáng, miē, miē, miē.
Gǒu, gǒu, wāng, wāng, wāng.
Niú, niú, mōu, mōu, mōu.
Dàjiā yìqǐ chàng gē ya!

양, 양, 메, 메, 메.
개, 개, 멍, 멍, 멍.
소, 소, 음메, 음메, 음메.
모두 함께 노래를 불러요!

练一练 꼼꼼히 풀어요

보기에서 알맞은 병음을 골라 빈칸을 채워 보세요. (성조는 무시합니다)

보기 mǎ 말 yáng 양 gǒu 개 zhū 돼지

	m		
y			g
			o
	z	h	

사진을 보고 알맞은 병음 스티커를 붙이고 큰 소리로 읽어 보세요. 135쪽 스티커 활용

❶ 

Zhè shì ________.

❷ 

Zhè shì ________.

❸ 

Zhè shì ________.

❹ 

Zhè shì ________.

玩一玩 재미있게 놀아요

나만의 동물 농장 만들기

111~115쪽 활동 자료를 활용하여 나만의 동물 농장을 만들어 본 후, 나는 어떤 동물을 키우고 있는지 말해 보세요.

Zhè shì niú. Wǒ yǎng niú.
Zhè shì mǎ. Wǒ yǎng mǎ.
Zhè shì jī. Wǒ yǎng jī.
Zhè shì yáng. Wǒ yǎng yáng.

× yǎng 养 기르다

学汉字 한자에서 모양을 찾아요

소의 얼굴이 보여요 牛 niú

牛 niú는 '소'라는 뜻이에요. 두 뿔이 뾰족한 소의 머리 모양을 보고 만든 글자랍니다.

음메, 음메, 송아지
푸른 들판에서 돌아다니며 놀다가
엄마 소가 생각나서
음메, 음메, 엄마 불러요.

이렇게 변했어요

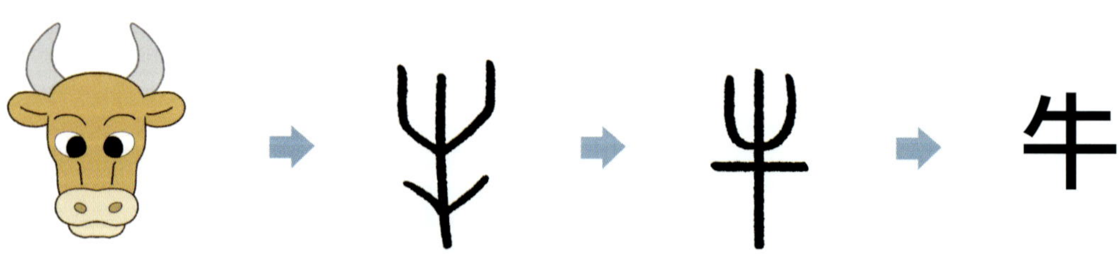

丿 𠂉 ⺧ 牛

牛 niú	牛 niú	牛 niú								

제6과

자연

새로 배울 내용

1 하늘과 땅에 있는 자연과 관련된 단어를 알아봐요.

tàiyáng　　yúncai　　cǎihóng
cǎo　　huā　　fēng

2 멀리 있는 것은 nà를 사용하여 말할 수 있어요. 그리고 zhè와 nà를 구분하여 사용할 수 있어요.

Nà shì tàiyáng. Zhè shì huā.

쥐 부부의 사위 찾기

06-01

옛날에 쥐 부부가 살고 있었어요. 쥐 부부에게는 딸이 하나 있었는데, 딸을 너무 사랑했던 쥐 부부는 딸을 위해 세상에서 제일 능력 있고 힘센 신랑감을 찾아주고 싶었답니다. 새해가 되고 그다음 날 따뜻한 햇살이 비치자 쥐 부부는 말했어요. "이 세상에서 가장 힘이 센 신랑감은 해님(tàiyáng)이야." 그러고는 해님(tàiyáng)을 찾아가 해님(tàiyáng)이 가장 힘이 세니 사위가 되어달라 말했지요. 그러자 해님(tàiyáng)은 말했어요. "저보다는 구름(yúncai)이 더 힘이 세요. 구름(yúncai)이 가리면 전 빛을 잃는답니다."

그러자 옆에 있던 **구름**(yúncai)은 "저보다는 **바람**(fēng)이 힘이 세지요. **바람**(fēng)이 불면 전 떠내려가니까요."라고 말했고, 그 말을 들은 **바람**(fēng)은 "아니요, 저보다는 담벼락이 힘이 세지요. 담벼락은 저를 튕겨내던걸요."라고 했어요. 그 말을 들은 부부는 바로 담벼락을 찾아갔어요. 그런데 멀리서 보니 그렇게 세다던 담벼락은 막 무너지려 하고 있었어요. 어떻게 된 일인지 가까이 다가가 살펴보니 담벼락 아래에 힘세고 날쌘 젊은 쥐가 구멍을 파고 있던 거였지요. 그 모습을 본 쥐 부부는 그 젊은 쥐야말로 세상에서 가장 힘이 세다고 생각했고, 그에게 사위가 되어달라 부탁했답니다.

找一找 단어를 찾아요

06-02

하늘과 땅에는 어떤 것들이 있을까요? 큰 소리로 읽으며 따라 써 보세요.

새단어

tàiyáng 太阳 태양 • fēng 风 바람 • cǎo 草 풀 • huā 花 꽃 • cǎihóng 彩虹 무지개 • yúncai 云彩 구름

学一学 열심히 공부해요

06-03

자연에서 볼 수 있는 것들의 명칭을 병음으로 써 보세요.

tàiyáng
太阳

tàiyáng

yúncai
云彩

yúncai

cǎihóng
彩虹

cǎihóng

cǎo

草

cǎo

huā

花

huā

fēng

风

fēng

说一说 씩씩하게 말해요

06-04

땅에 있어 가까운 것은 zhè, 하늘에 있어 멀리 보이는 것은 nà를 사용해 말해 보세요.

Nà shì tàiyáng.
Zhè shì huā.

cǎihóng

yuèliang

xīngxing

cǎo

shù

새단어

nà 那 저, 저것, 그, 그것 • yuèliang 月亮 달 • xīngxing 星星 별 • shù 树 나무

唱一唱 즐겁게 불러요

06-05

저 멀리 하늘에 있는 것, 가깝게 땅에 있는 것을 다 같이 챈트로 즐겁게 불러 보세요.

가까이 가리키며, zhè, zhè.
Cǎo, cǎo, 풀, cǎo.
Zhè shì cǎo.
Zhè shì cǎo, zhè shì cǎo.

멀리 가리키며, nà, nà.
Tàiyáng, tàiyáng, 태양, tàiyáng.
Nà shì tàiyáng.
Nà shì tàiyáng, nà shì tàiyáng.

가까이 가리키며, 이것, 이것.
풀, 풀, 풀, 풀.
이것은 풀이야.
이것은 풀이야, 이것은 풀이야.

멀리 가리키며, 저것, 저것.
태양, 태양, 태양, 태양.
저것은 태양이야.
저것은 태양이야, 저것은 태양이야.

练一练 꼼꼼히 풀어요

보기를 참고하여 주어진 그림과 일치하는 병음을 알맞게 연결해 보세요.

보기 tàiyáng 태양 fēng 바람 huā 꽃 xīngxing 별

❶ 

❷ 

❸ 

❹ 

huā fēng tàiyáng xīngxing

문장을 바르게 따라 쓰고 무지개를 색칠해 보세요.

Nà shì cǎihóng.

玩一玩 재미있게 놀아요

가까운 것을 가리키며 zhè, 먼 것을 가리키며 nà

활동 방법

1 선생님은 태양, 구름, 무지개, 달 그림 카드를 교실 여기 저기에 일정한 간격을 두고 붙여 놓습니다.

2 친구들은 모두 일어섭니다.

3 선생님이 tàiyáng, zhè라고 말한 후 천천히 1에서 5까지 셉니다. 선생님이 숫자를 세는 동안 친구들은 태양 카드에 최대한 가까이 걸어가 위치를 옮깁니다.

4 선생님이 5까지 센 후, '얼음!'이라고 외치면 친구들은 그대로 멈춥니다. 선생님이 태양 카드를 가리키며 'Zhè shì shénme?'라고 물어보면 친구들은 멈춘 상태에서 'Zhè shì tàiyáng.'이라고 말합니다.

5 선생님이 tàiyáng, nà라고 말한 후 천천히 1에서 5까지 세면, 친구들은 그 사이에 태양 카드에 최대한 멀리 걸어가 위치를 옮깁니다.

6 선생님이 5까지 센 후, '얼음!'이라고 외치면 친구들은 그대로 멈춥니다. 선생님이 태양 카드를 가리키며 'Zhè shì shénme?'라고 물어보면 친구들은 멈춘 상태에서 'Nà shì tàiyáng.'이라고 말합니다.

7 선생님은 태양 이외에도 다른 그림 카드와 zhè, nà를 사용해 말할 수 있으며, 친구들은 선생님의 말을 듣고 해당 카드에서 멀리 또는 가까이로 걸어서 옮깁니다.

새로운 문장

这是什么? Zhè shì shénme? 이것은 무엇입니까?

学汉字 한자에서 모양을 찾아요

초승달이 보여요 月 yuè

月亮 yuèliang의 月 yuè는 '달'이라는 뜻이에요. 초승달의 모양을 본떠 만들어진 글자랍니다.

어두운 밤은 너무 깜깜해요.
구름 사이 숨어 있던 초승달이 나타났어요.
하늘에 떠 있는 초승달은 가로등 같아요.
어둠에 잠긴 도시를 밝게 비춰 줍니다.

이렇게 변했어요

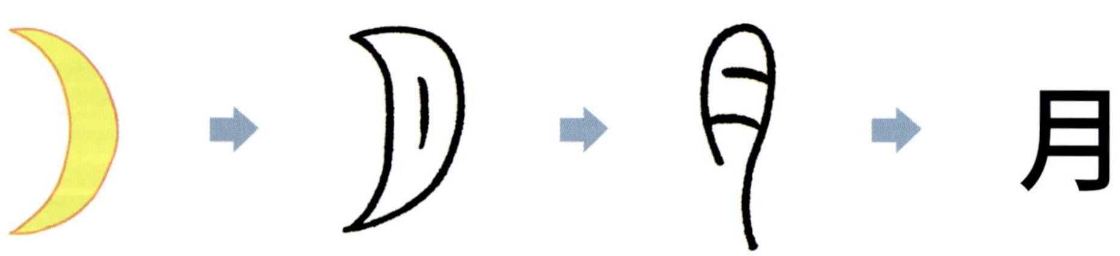

丿 冂 月 月

月	月	月						
yuè	yuè	yuè						

제7과

나의 몸

새로 배울 내용

1 눈, 코, 입 등 내 몸과 관련된 단어를 알아봐요.

yǎnjing	bízi	ěrduo
zuǐba	shǒu	jiǎo

2 눈, 코, 입 등이 '여기'에 있다고 말할 수 있어요.

Yǎnjing zài zhèr.

세상을 만든 반고

07-01

오랜 옛날, 세상에는 아무것도 없고 커다란 알만 하나 있었어요. 그 알 속에는 '반고'라는 이름의 거인이 잠자고 있었답니다. 만 팔천 년 동안 잠만 자던 반고는 어느 날 갑자기 깨어나 자신을 둘러싸고 있던 알을 깨 버렸어요. 그러자 알 속에 있던 것들이 밖으로 튀어나오면서, 가벼운 것은 하늘이 되고 무거운 것은 땅이 되었답니다. 이것을 지켜보던 반고는 '올라갔던 하늘이 다시 땅으로 내려와 섞이면 어떡하지?'하는 걱정에 두 손(shǒu)으로 하늘을 받치고, 두 발(jiǎo)은 땅을 딛고 버티기 시작했어요.

이렇게 또 만 팔천 년이 지난 어느 날, 버티고 버티던 반고는 너무 힘이 들어 쓰러져 죽고 말았어요. 쓰러진 반고의 두 눈(yǎnjing)은 해와 달이 되었고, 눈물은 바다, 머리카락(toúfa)은 화초와 나무 등으로 변했어요. 나머지 반고의 몸은 별과 산, 강, 언덕, 바람 등 자연이 되었다고 합니다. 반고는 세상이 어떻게 시작되었는지 설명하는 중국 사람들의 옛이야기에 나오는 거인이랍니다.

找一找 단어를 찾아요

07-02

여러 개의 눈, 코, 입을 가진 괴물들이 있네요. 신체의 이름을 큰 소리로 읽으며 따라 써 보세요.

새단어

yǎnjing 眼睛 눈 • bízi 鼻子 코 • ěrduo 耳朵 귀 • jiǎo 脚 발 • zuǐba 嘴巴 입 • shǒu 手 손

学一学 열심히 공부해요

07-03

신체의 이름을 병음으로 써 보세요.

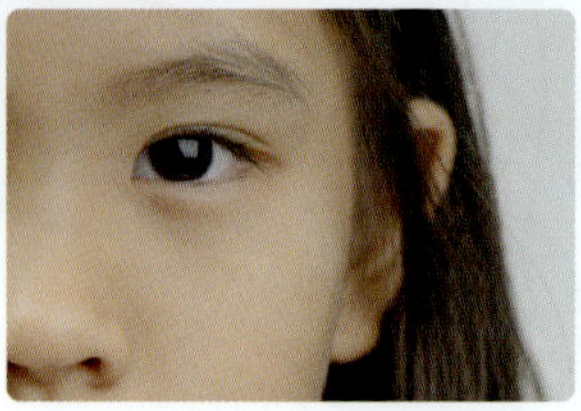

yǎnjing
眼睛

yǎnjing

bízi
鼻子

bízi

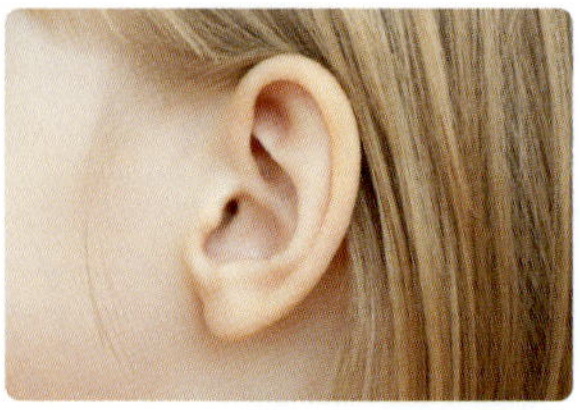

ěrduo
耳朵

ěrduo

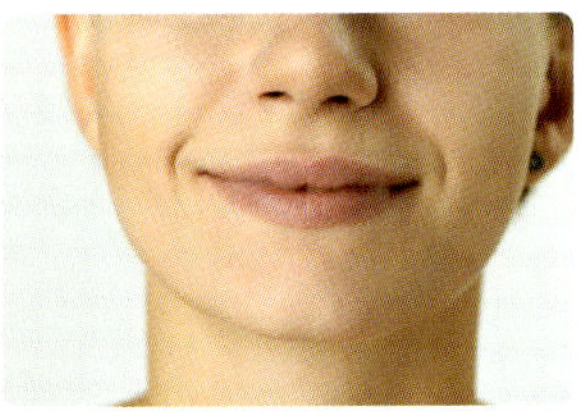

zuǐba
嘴巴

zuǐba

shǒu
手

shǒu

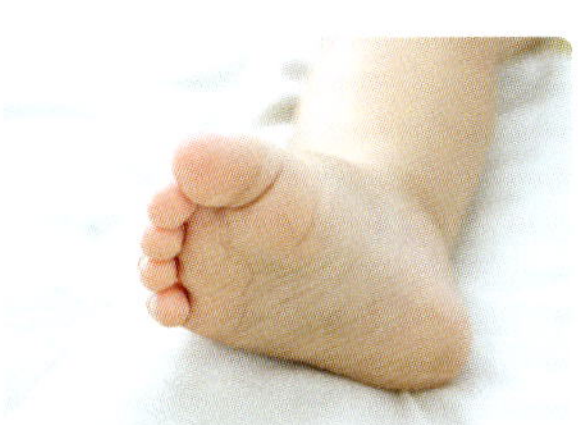

jiǎo
脚

jiǎo

说一说 씩씩하게 말해요

07-04

나의 눈, 코, 입 등이 어디에 있는지 말해 보세요.

Yǎnjing zài zhèr.

bízi

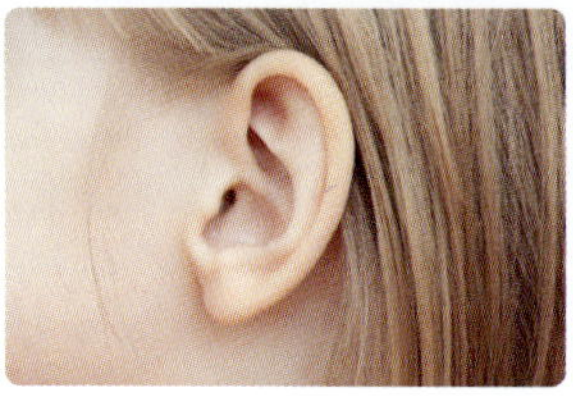

ěrduo

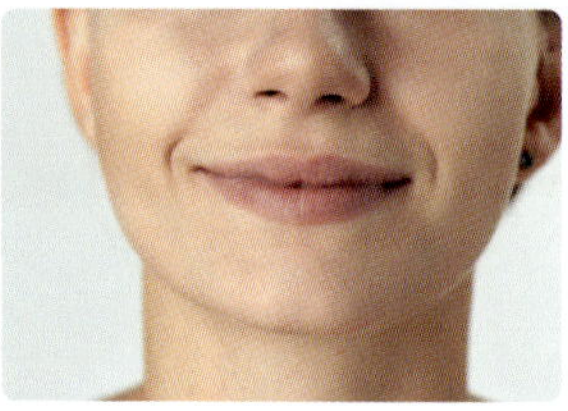

zuǐba

tóu

tóufa

새단어

zài 在 ~에 있다 • zhèr 这儿 여기 • tóu 头 머리 • tóufa 头发 머리카락

唱一唱 즐겁게 불러요

07-05

신체의 이름과 관련된 챈트를 다 같이 즐겁게 불러 보세요.

Yǎnjing, yǎnjing, 눈, yǎnjing.
Bízi, bízi, 코, bízi.
Zuǐba, zuǐba, 입, zuǐba.
Yǎnjing, bízi, zuǐba.

Shǒu, shǒu, 손, shǒu.
Tóu, tóu, 머리, tóu.
Tóufa, tóufa, 머리카락, tóufa.
Shǒu, tóu, tóufa.

눈, 눈, 눈, 눈.
코, 코, 코, 코.
입, 입, 입, 입.
눈, 코, 입.

손, 손, 손, 손.
머리, 머리, 머리, 머리.
머리카락, 머리카락, 머리카락, 머리카락.
손, 머리, 머리카락.

练一练 꼼꼼히 풀어요

보기의 단어를 참고하여 신체 부위에 알맞게 병음 스티커를 붙여 보세요. 135쪽 스티커 활용

보기 yǎnjing 눈 bízi 코 ěrduo 귀 zuǐba 입 shǒu 손

돋보기 속 그림을 보고 빈칸에 알맞은 신체 부위의 병음과 뜻을 써 보세요.

______ zài zhèr. ______은 여기 있어요.

玩一玩 재미있게 놀아요

코코코, 눈!

활동 방법

1 단어 yǎnjing, bízi, ěrduo, zuǐba, shǒu, jiǎo를 익힙니다.

2 선생님은 손가락으로 코를 가리키며 'bízi'의 'bí'를 반복해서 말합니다. (예 : bí, bí, bí, bí ……)

3 학생들은 선생님을 따라 다 같이 자신의 코를 가리키며 'bí'를 반복해서 말합니다.

4 'bí'를 말하던 선생님은 신체 단어 중 하나(예: yǎnjing)를 외치며, 손가락은 단어와 다른 신체 부위를 가리킵니다. (예: yǎnjing!이라고 말하며 귀를 가리키기)

5 학생들은 선생님이 외친 단어에 맞게 자신의 신체 부위를 가리킵니다.
(예: 선생님의 yǎnjing!을 듣고 눈 가리키기)

6 학생들은 선생님이 잘못 가리킨 신체 부위를 따라 가리키지 않도록 조심합니다.

7 2~6의 과정을 반복합니다.

学汉字 한자에서 모양을 찾아요

예쁜 귀가 보여요 耳 ěr

耳朵 ěrduo의 耳 ěr은 '귀'라는 뜻이에요 귀의 모양을 본떠 만들어진 글자랍니다.

속닥 속닥 속삭이면
두 손을 귀에 대고
두 귀를 쫑긋 쫑긋
친구의 말을 들어요.

이렇게 변했어요

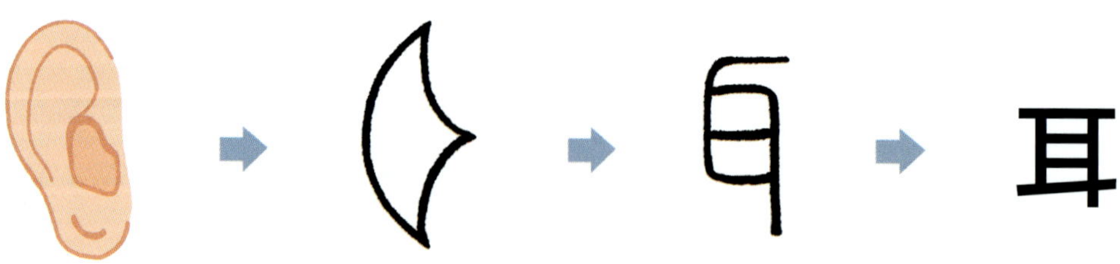

一 丁 丌 丌 耳 耳

耳 ěr	耳 ěr	耳 ěr				

제8과

중국의 설, 춘제

새로 배울 내용

1 중국의 설인 '춘제'와 관련된 단어를 알아봐요.

Chūnjié　　hóngdēng　　biānpào　　jiǎozi
chūnjuǎn　　tāngyuán　　niángāo

2 나는 무엇을 먹는지 말할 수 있어요.

Wǒ chī jiǎozi.

3 새해맞이 노래인 'Xīnnián hǎo!'를 즐겁게 불러봐요.

새해가 오기 전, 괴물 녠 쫓아내기

∩ 08-01

옛날 중국 어느 마을에 '녠'이라는 바다 괴물이 있었어요. 녠은 일 년 내내 깊은 바다에서 꼼짝도 안 하다가, 1월 1일 춘제(Chūnjié)의 전날인 섣달그믐이 되면 육지로 올라와 가축을 잡아먹고 사람을 해치며 난동을 부렸답니다. 그래서 사람들은 이때가 되면 녠을 피해 마을을 비우고 산으로 피난을 갔어요. 그러던 어느 날, 마을에 한 거지 노인이 나타나 자신을 하룻밤 재워주면 녠을 쫓아내겠다고 말했지요. 마을 사람들은 위험하다며 말렸지만 거지 노인은 고집을 부렸어요. 하는 수 없이 사람들은 노인을 남겨두고 산으로 피난을 갔답니다.

마을에 남은 거지 노인은 붉은 옷을 입고 불을 환하게 켠 채 녠을 기다렸어요. 그리고 드디어 녠이 나타나자 폭죽(biānpào)을 터뜨렸어요. 붉은 옷, 환한 빛, '꽝'하는 시끄러운 소리를 제일 무서워했던 녠은 정신없이 도망쳤답니다. 멀리 산에서 그 모습을 숨어 지켜보던 마을 사람들은 녠을 쫓는 방법을 알게 되었고, 그 후 중국에서는 한 해를 보내는 마지막 날이 되면 붉은 등(hóngdēng)을 달고, 폭죽(biānpào)을 터뜨리는 풍속이 생겨나게 되었다고 해요.

找一找 단어를 찾아요

08-02

중국의 설인 춘제와 관련 있는 단어에는 어떤 것들이 있을까요? 큰 소리로 읽으며 따라 써 보세요.

새 단 어

Chūnjié 春节 춘제 • hóngdēng 红灯 홍등 • jiǎozi 饺子 자오즈 [반달 모양의 만두] • chūnjuǎn 春卷 춘권 • biānpào 鞭炮 폭죽 • niángāo 年糕 떡 [중국식 설 떡] • tāngyuán 汤圆 탕위안

学一学 열심히 공부해요

08-03

춘제와 관련 있는 단어들을 병음으로 써 보세요.

Chūnjié
春节

Chūnjié

hóngdēng
红灯

hóngdēng

biānpào
鞭炮

biānpào

jiǎozi

jiǎozi
饺子

chūnjuǎn

chūnjuǎn
春卷

niángāo

niángāo
年糕

说一说 씩씩하게 말해요

08-04

나는 무엇을 먹는지 단어를 바꿔 가며 말해 보세요.

Wǒ chī jiǎozi.

chūnjuǎn

tāngyuán

niángāo

bāozi

mántou

새단어

chī 吃 먹다 • bāozi 包子 빠오즈 [동그란 복주머니 모양의 만두] • mántou 馒头 만터우[소가 없는 찐빵]

唱一唱 즐겁게 불러요

08-05

Xīnnián hǎo!

새해 복 많이 받으세요! 새해 복 많이 받아요. 모두들 새해 복 많이 받으세요.
우리는 노래하고, 우리는 춤을 추죠. 모두들 새해 복 많이 받으세요.

练一练 꼼꼼히 풀어요

아래의 표를 보고 숫자와 도형을 성조와 병음으로 바꿔 써서 단어를 완성해 보세요.

1	2	3	4	回	★	◐	目
ˉ	ˊ	ˇ	ˋ	a	o	i	u

◎	☆	⚡	▼	♠	🎀	✿	♥
b	p	m	t	n	g	j	z

보기  ✿◐回3★♥◐ → jiǎozi

❶ 

◎◐回1♠☆回4★

→

❷ 

♠◐回2♠🎀回1★

→

❸ 

⚡回2♠▼★目

→

❹ 

◎回1★♥◐

→

玩一玩 재미있게 놀아요

춘제의 풍경을 완성해요

번호에 맞춰 스티커를 붙여 중국의 설날인 춘제의 풍경을 완성해 보세요. 135쪽 스티커 활용

춘제의 풍경

춘제에 중국 사람들은 1 사자춤을 추고 2 폭죽을 터뜨리며 나쁜 기운을 쫓아버려요. 집의 대문이나 기둥에 3 춘련을 붙여 복이 들어오기를 바라기도 하지요. 춘련은 평안과 복을 담은 글이 써진 빨간 종이에요. 그리고 춘제에 4 홍등을 밝히면 1년 동안 건강할 수 있다고 믿는답니다.

学汉字 한자에서 모양을 찾아요

활활 타는 불이 보여요 火 huǒ

红灯 hóngdēng의 灯 dēng은 집 안을 환하게 밝혀주는 '등'이라는 뜻이에요. 灯 dēng에는 火 huǒ라는 글자가 들어있어요. 火 huǒ는 '불'이라는 뜻으로, 활활 타오르는 불의 모양을 본떠 만든 글자랍니다.

우리 가족 캠핑 간 날,
숨을 후후 불어 활활 불을 만들어 놓고,
활활 타는 불에 고기도 구워 먹고,
내가 좋아하는 소시지도 구워 먹고

이렇게 변했어요

丶 丷 少 火

火	火	火				
huǒ	huǒ	huǒ				

정답

1과 | 20쪽

练一练 꼼꼼히 풀어요

∩ 01-06

녹음을 잘 듣고 성조의 음 높이를 큰 소리로 따라해 보고, 무술하는 친구의 막대를 색칠해 보세요.

샤오홍의 가족 스티커를 주어진 단어에 알맞게 붙여 주세요.

māma　yéye　nǎinai　bàba

20

2과 | 32쪽

练一练 꼼꼼히 풀어요

∩ 02-06

녹음을 잘 듣고 병음 친구들의 알맞은 위치를 찾아 스티커를 붙여 주세요.

내가 좋아하는 과일 그림 위에 xǐhuan♡ 스티커를 붙이고, 어떤 과일을 좋아하는지 큰 소리로 말해 보세요(여러 과일을 선택할 수 있어요).

Wǒ xǐhuan (　　　).

bōluó　cǎoméi　xīguā　pútao　táozi

32

3과 | 44쪽

练一练 꼼꼼히 풀어요

여러 가지 그림 도구 이름의 병음을 찾아 동그라미로 묶고, '나는 ______가 있어.'라는 문장을 큰 소리로 말해 보세요.

Wǒ yǒu ______.

qiānbǐ　xiàngpí

làbǐ　huàbǐ

s	h	w	c	q	o	z	t	l
e	u	q	i	a	n	b	i	a
i	a	o	k	c	s	m	p	b
o	b	p	s	x	n	r	ch	i
x	i	a	n	g	p	i	g	zh

44

4과 | 56쪽

练一练 꼼꼼히 풀어요

숫자가 커지는 순서에 맞게 알맞은 병음을 써 보세요.

yī 1　èr 2　sān 3　sì 4　wǔ 5　liù 6

èr	sān	sì
sān	sì	wǔ
yī	èr	sān
sì	wǔ	liù
yī	èr	sān

문장이 완성될 수 있도록 알맞은 것끼리 연결해 보세요.

Wǒ yào

yí ge píngguǒ

sì ge píngguǒ

56

5과 | 68쪽

练一练 꼼꼼히 풀어요

보기에서 알맞은 병음을 골라 빈칸을 채워 보세요. (성조는 무시합니다)

보기 mǎ 말 yáng 양 gǒu 개 zhū 돼지

	m		
y	a	n	g
			o
	z	h	u

사진을 보고 알맞은 병음 스티커를 붙이고 큰 소리로 읽어 보세요. 135쪽 스티커 활용

❶ 
Zhè shì jī.

❷ 
Zhè shì niú.

❸ 
Zhè shì māo.

❹ 
Zhè shì gǒu.

68

6과 | 80쪽

练一练 꼼꼼히 풀어요

보기를 참고하여 주어진 그림과 일치하는 병음을 알맞게 연결해 보세요.

보기 tàiyáng 태양 fēng 바람 huā 꽃 xīngxing 별

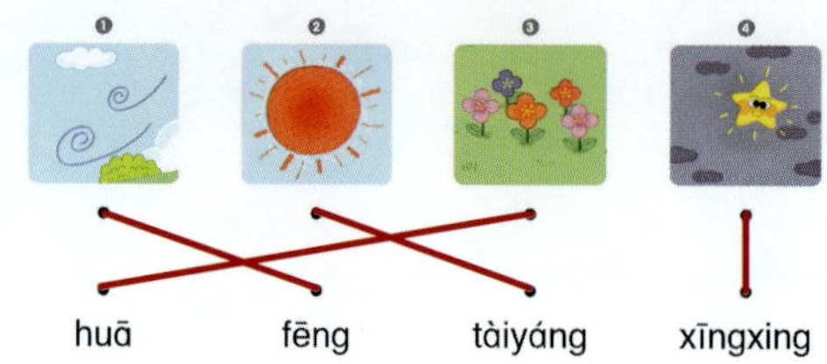

문장을 바르게 따라 쓰고 무지개를 색칠해 보세요.

Nà shì cǎihóng.

80

7과 | 92쪽

练一练 꼼꼼히 풀어요

보기의 단어를 참고하여 신체 부위에 알맞게 병음 스티커를 붙여 보세요. 135쪽 스티커 활용

보기 yǎnjing 눈 bízi 코 ěrduo 귀 zuǐba 입 shǒu 손

돋보기 속 그림을 보고 빈칸에 알맞은 신체 부위의 병음과 뜻을 써 보세요.

yǎnjing zài zhèr. 눈 은 여기 있어요.

92

8과 | 104쪽

练一练 꼼꼼히 풀어요

아래의 표를 보고 숫자와 도형을 성조와 병음으로 바꿔 써서 단어를 완성해 보세요.

1	2	3	4	■	★	◐	目
—	ˊ	ˇ	ˋ	a	o	i	u
◎	☆	⚡	▼	♠	✿	❀	♥
b	p	m	t	n	g	j	z

보기  → jiǎozi

❶ 
→ biānpào

❷ 
→ niángāo

❸ 
→ mántou

❹ 
→ bāozi

104

제3과 미술 준비물을 더 많이 가져 오세요

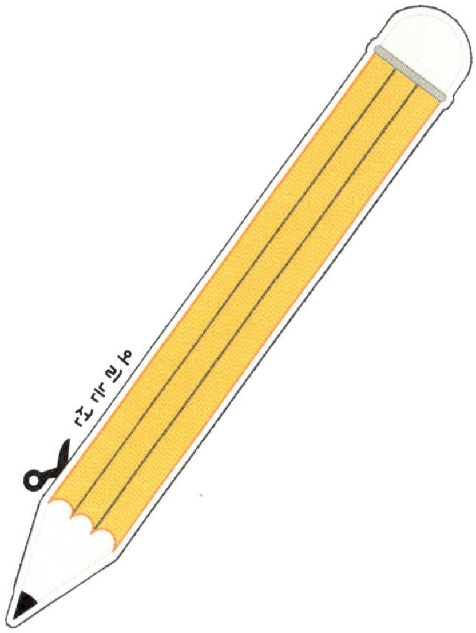

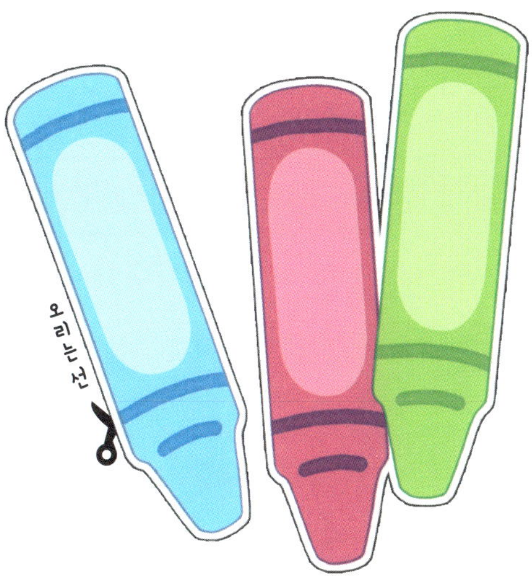

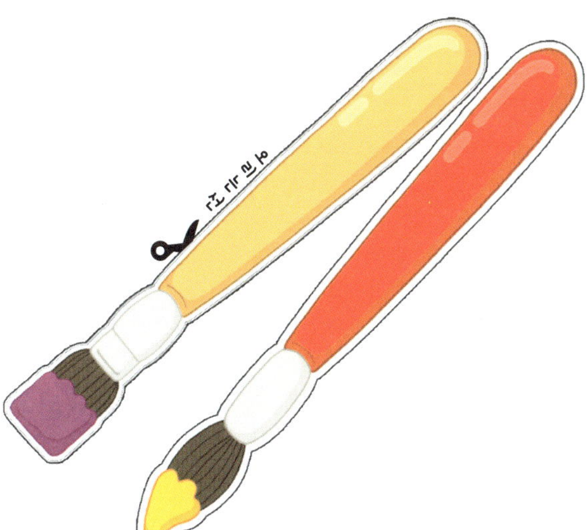

xiàngpí

qiānbǐ

yǎnliào

làbǐ

huàzhǐ

huàbǐ

제5과 나만의 동물 농장 만들기

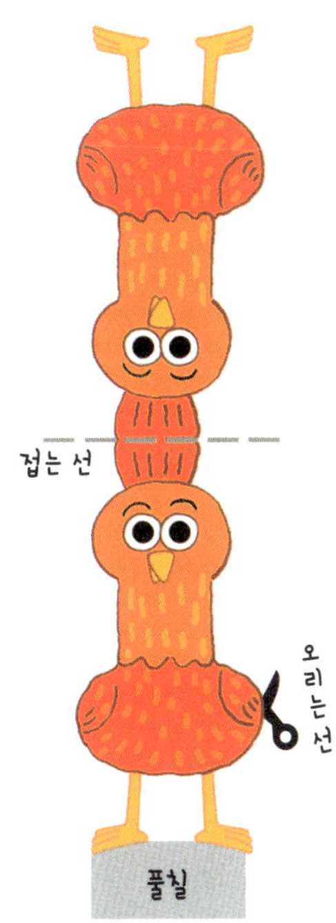

제5과 나만의 동물 농장 만들기

제5과 나만의 동물 농장 만들기

오리는 선

제1과

성조와 인사

오리는 선

오리는 선

제2과

병음과 과일

bōluó

cǎoméi

xīguā

píngguǒ

pútao

chéngzi

오리는 선

오리는 선

제3과

그림 도구

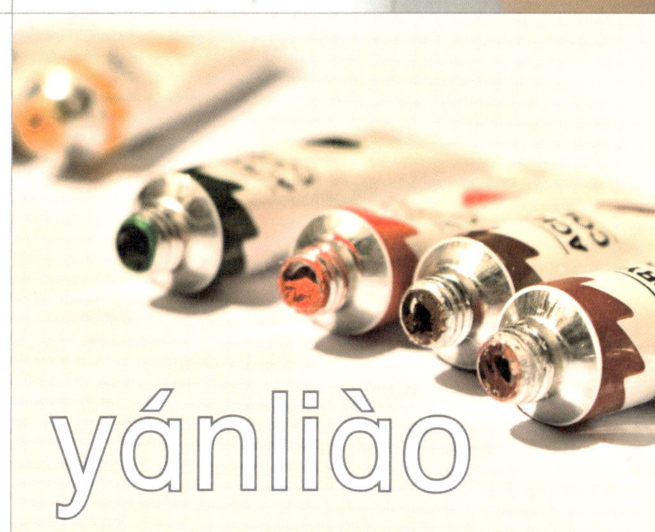

오리는 선

오리는 선

제4과 숫자

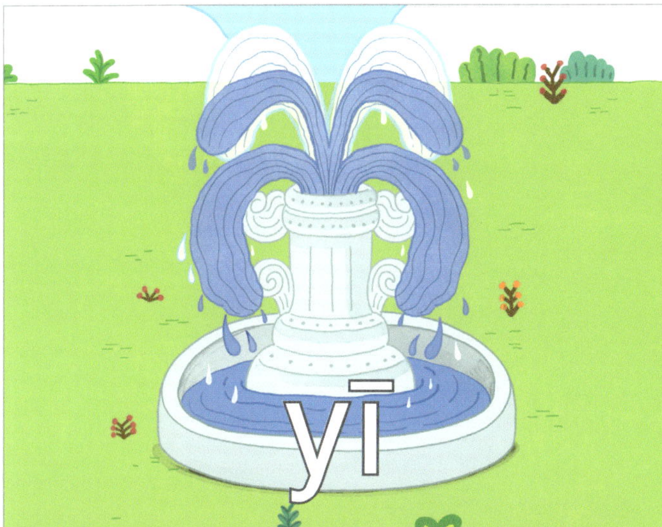

오리는 선

오리는 선

niú

mǎ

jī

yáng

gǒu

zhū

오리는 선

오리는 선

제6과 자연

tàiyáng

yúncai

cǎihóng

cǎo

huā

fēng

오리는 선

오리는 선

제7과 나의 몸

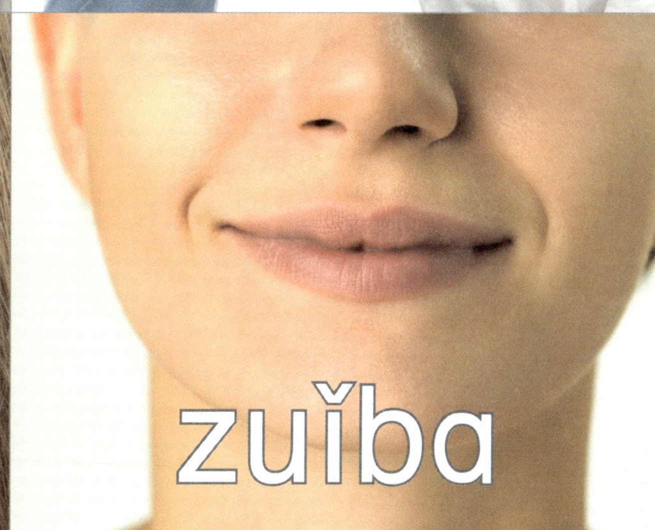

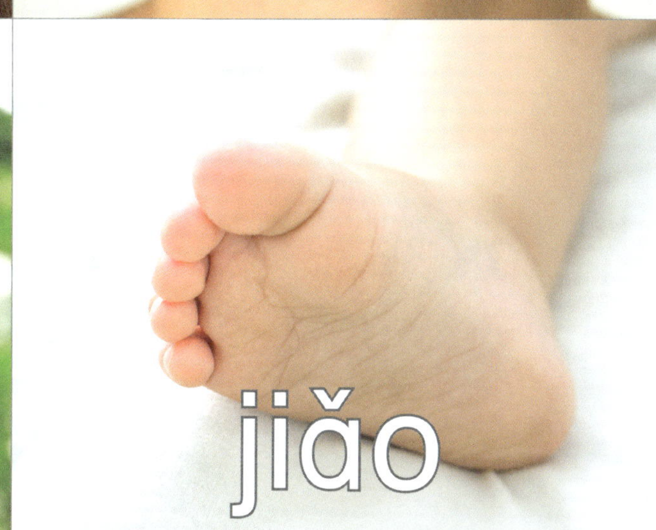

오리는 선

오리는 선

제8과

중국의 설, 춘제

오리는선

오리는선

1과 20쪽

2과 32쪽

e i ü p f t l

g j q sh r c s

xǐhuan

xǐhuan

xǐhuan xǐhuan xǐhuan

xǐhuan xǐhuan xǐhuan

2과 33쪽

5과 68쪽

jī niú māo gǒu

7과 92쪽

bízi ěrduo yǎnjing

shǒu zuǐba

8과 105쪽

마음껏 붙여 봐요!